引言：高频考点由力杨老师根据涵盖 80% 案例分析知识点默写内容，要求所有学员掌握，个别超级重要知识点通过表格对照反复强调。

高频考点 001　进度管理控制进度缩短工期

①**赶**工，投入更多的资源或增加工作时间，以缩短关键活动的工期。

②**快**速跟进，并行施工，以缩短关键路径的长度。

③使用**高**素质的资源或经验更丰富的人员。

④在业主客户许可的前提下，减小活动**范**围或降低活动要求。

⑤改**进**方法或技术，以提高生产效率。

⑥加强**质**量管理，及时发现问题，减少返工，从而缩短工期。

力杨记忆：赶 – 快 – "搞" – 范 – 进 – 质，若项目成本也同时超支，此时"赶工"不要写，赶工可能会导致成本增加。

高频考点 002　成本管理控制成本内容

①对造成**成本基准变更**的因素施加影响。

②确保所有**变更请求**都得到及时处理。

③当变更实际发生时，**管理**这些**变更**。

④确保**成本支出**不超过批准的资金限额。

⑤监督**成本绩效**，找出并分析与成本基准间的偏差。

⑥对照**资金支出**，监督工作绩效。

⑦防止在**成本或资源使用报告**中出现未经批准的变更。

⑧向有关干系人报告所有经批准的变更及其相关成本。

⑨设法把预期的**成本超支**控制在可接受的范围内。

力杨记忆：理解记忆，解答出变更、成本绩效、成本基准、成本支出等关键词即可，此内容可以结合控制进度的《赶－快－"搞"－范－进－质》针对进度滞后、成本超支的情况综合写。

高频考点 003　成本管理成本类型

①**固定**成本：不随生产量、工作量或时间的变化而变化的非重复成本为固定成本。

②**可变**成本：**变动成本**，随着生产量、工作或时间而变的成本为可变成本。

③**直接**成本：直接可以**归属于项目工作**的成本为直接成本。如项目团队**差旅费**、**工资**、**项目使用的物料**及**设备使用费**等。（力杨记忆：与项目直接有关的费用）

④**间接**成本：来自一般管理费用科目或几个项目共同担负的项目成本所分摊给本项目的费用，就形成了项目的间接成本，如**税金**、**销售费用**、**电费**、**额外福利**和**保卫费用**等。

⑤**沉没**成本：是一种**历史成本**，对现有决策而言是**不可控成本**，会很大程度上影响人们的行为方式与决策，在投资决策

时**应排除沉没成本的干扰**。

⑥**机会**成本：泛指一切在做出选择后其中一个**最大的损失**。

力杨记忆：固定可变 – 直接间接 – 沉没机会，务必区分直接、间接。

高频考点 004　成本管理储备分析

①**应急储备**：应对"已知 – 未知"风险，用来应对**已经接受的已识别风险**，以及已经制定应急或减轻措施的已识别风险。

②**管理储备**：应对"未知 – 未知"风险，为了管理控制的目的而特别留出的项目预算，用来应对项目范围中**不可预见的工作**。

力杨记忆：成本基准包含应急储备，不包含管理储备，挣值计算中不包含管理储备（但管理储备属于项目总预算和资金需求的一部分）项目总预算 = 成本基准 + 管理储备 =（应急储备 + 成本估算）+ 管理储备。

高频考点 005　质量管理质量成本

①**一致性**成本：在项目期间用于**防止失败**的费用。

- **预防**成本（培训、流程文档化、设备、选择正确的做事时间等**生产合格产品发生的**）。
- **评价**成本（测试、**破坏性测试导致的损失**、检查等**评定**

质量发生的）。

②**非一致性**成本：在项目期间和项目完成后用于**处理失败**的费用。

- **内部失败**成本（返工、废品等**项目内部发现的**）。
- **外部失败**成本（责任、保修、业务流失等**客户发现**的）。

力杨记忆：在产品生命周期中发生的**所有成本，务必注意破坏性测试导致的损失**。

高频考点 006　人力资源管理团队发展

①**形成**阶段：一个个独立的个体成员转变为团队成员，开始**形成共同目标**，对未来团队往往有美好的期待。

②**震荡**阶段：团队成员开始执行分配的任务，一般会遇到超出预想的困难，希望被现实打破。个体之间**开始争执**，互相指责，并且开始**怀疑项目经理的能力**。

③**规范**阶段：经过一段时间的磨合，团队成员之间相互熟悉和了解，**矛盾基本解决，项目经理能够得到团队的认可**。

④**发挥**阶段：随着相互之间的配合默契和对项目经理的信任，成员**积极工作**，努力实现目标，**集体荣誉感强**。

⑤**结束**阶段：随着项目的结束，团队也被遣散了。

力杨记忆：成→荡→范→发→结（注：一般情况按顺序，也有可能根据情况跳过某个阶段，若有新成员加入从形成开始）。

高频考点 007　人力资源管理马斯洛需求层次理论

①**生理**需要。

②**安全**需要。

③**社会交往**的需要（**情感需要**）。

④**受尊重**的需要。

⑤**自我实现**的需要（最高层次）。

力杨记忆：金字塔自下而上依次为"生理安全→社会交往→尊重自我"（注：以第三层"社会交往"为三八线、分水岭，上为尊重自我、下为生理安全）。

高频考点 008　变更管理变更工作流程

①**提出**变更申请。

②变更影响**分析**。

③ CCB **审查**批准。

④**实施**变更。

⑤**监控**变更。

⑥**结束**变更。

力杨记忆：依次为"提出分析→审查实施→监控结束"（注意流程顺序，涉及角色：变更申请人、项目经理、CCB、变更实施人、配置管理员）。

高频考点 009　项目管理项目经理具备的技能

①足够的**知识**。
②丰富的项目管理**经验**。
③良好的协调和**沟通**能力。
④一定的领导和**管理**能力。
⑤良好的**职业道德**。

力杨记忆：知识经验－沟通管理＋职业道德（可以组织语言往好的方面多写，"脸上贴金"，特别注意对技术没有强制要求）。

高频考点 010　合同管理按照范围划分

①项目**总承包**合同：买方将项目的全过程作为一个**整体发包给同一个卖方**的合同。总承包合同要求只与**同一个卖方订立承包合同，但并不意味着只订立一个总合同**。可以采用订立一个总合同的形式，也可以采用订立若干个合同的形式。

②项目**单项**承包合同：一个卖方**只承包项目中的某一项或某几项内容**，买方分别与不同的卖方订立项目单项承包合同。

③项目**分包**合同：经合同约定和买方认可，卖方将其承包项目的**某一部分或某几部分项目（非项目的主体结构）**再发包给具有相应资质条件的分包方，与分包方订立的合同称为项目分包合同。**买方既可以要求卖方承担责任，也可以直接要求分包方承担责任。买方既可以要求卖方承担责任，也可以直接要

求分包方承担责任。

力杨记忆：总承包整体签总合同、单项承包若干项、分包非主体若干部分。

高频考点 011　合同管理分包合同订立必须同时满足的条件

①经过**买方认可**（合同中约定）。
②分包的部分必须是项目**非主体**工作。
③只能分包部分项目，而**不能转包整个项目**。
④分包方必须**具备**相应的**资质**条件。
⑤分包方**不能再次分包**。

力杨记忆：5 个条件必须同时具备。

高频考点 012　范围管理创建 WBS 分解过程主要活动

①**识别**和分析可交付成果及相关工作。
②确定 WBS 的**结构**和编排方法。
③**自上而下逐层细化分解**。
④为 WBS 组件制定和**分配**标识编码。
⑤**核实**可交付**成果**分解的程度是否恰当。

力杨记忆："识别结构→分解分配→核实成果"（注意顺序）

高频考点 013　采购管理招投标程序

①**发标**（**公开招标**或者**邀请招标**）。
②根据情况可组织**所有**潜在投标人踏**勘**项目现场。
③投标人**投标**。
④**开**标。
⑤**评**标。
⑥确定**中**标人。
⑦**订**立合同。

力杨记忆：注意顺序，理解记忆

高频考点 014　范围管理确认范围的一般步骤

①**确定**需要进行范围确认的**时间**。
②**识别**范围确认需要哪些**投入**。
③**确定**范围正式被接受的**标准**和要素。
④**确定**范围确认会议的组织**步骤**。
⑤**组织**范围确认**会议**。

力杨记忆："时间投入→标准步骤→组织会议"（注意顺序，理解为开会）。

高频考点 015　成本管理编制项目成本估算三个主要步骤

①**识别**并分析成本的构成科目。
②根据已识别的项目成本构成科目，**估算**每一科目的成本

大小。

③**分析**成本估算结果，找出各种可以相互替代的成本，协调各种成本之间的比例关系。

力杨记忆："识别→估算→分析"（注意顺序）。

高频考点 016　成本管理编制项目成本预算应遵循的原则

①项目成本预算要**以项目需求为基础**。

②项目成本预算要**与项目目标相联系**，必须同时考虑项目质量、进度等目标。

③项目成本预算要**切实可行**。

④项目成本预算应当**留有弹性**。

力杨记忆：理解记忆，注意弹性是指应急储备或管理储备。

高频考点 017　人力资源管理冲突解决办法

①**撤退**：把眼前的或潜在的冲突搁置起来，从冲突中撤退。

②**求同存异**：强调一致、淡化分歧，**暂时性**的冲突解决方法，让大家冷静下来，先把工作做完。

③**妥协**：冲突的各方协商并且寻找一种能够使冲突各方**都有一定程度满意**、但冲突各方没有任何一方完全满意、是一种都做一些让步的冲突解决方法。

④**强制**：以牺牲其他各方的观点为代价，强制采纳一方的观点。

⑤**合作**：集合多方的观点和意见，得出一个多数人接受和承诺的冲突解决方案。

⑥**问题解决**：公开地协商，冲突双方最理想的结果。

力杨记忆：协同制作——撤退解决。

高频考点 018　人力资源管理项目经理的 5 种权力

①**合法**权力：组织授予。

②**奖励**权力：组织授予。

③**强制力**：组织授予。

④**专家**权力：管理者自身。

⑤**感召**权力：管理者自身。

力杨记忆：（注意：区分组织授予、管理者自身，项目经理最好采用奖励权力和专家权力影响团队成员做事，尽量避免使用强制力。）

高频考点 019　人力资源管理冲突管理的特点

①**冲突不可避免**，冲突并**不一定是有害的**。

②冲突是**自然的**，而且要找出一个解决办法。

③冲突是一个**团队问题**，而不是某人的个人问题。

④**应公开地处理冲突**（注：**冲突早期可以私下处理**）。

⑤冲突的解决应**聚焦在问题**，而不是人身攻击。

⑥冲突的解决应**聚焦在现在**，而不是过去。

力杨记忆：不可避免、不一定有害、公开处理、找准问题所在、解决当下问题

高频考点 020　人力资源管理成功的项目团队的特点

①团队的**目标**明确，成员清楚自己的工作对目标的贡献。

②团队的组织结构清晰，**岗位**明确。

③有成文或习惯的工作**流程**和方法，而且流程简明有效。

④项目经理对团队成员有明确的**考核**和评价标准，工作结果公正公开、赏罚分明。

⑤共同制订并遵守的组织**纪律**。

⑥**协同**工作，就是一个成员工作需要依赖于另一个成员的结果，善于总结和学习。

力杨记忆：目标岗位、流程考核、纪律协同。

高频考点 021　整体管理项目管理计划内容

①**范围**管理计划（**需求管理计划、范围基准：批准的项目范围说明书、WBS、WBS 词典**）。

②**进度**管理计划（**进度基准**）。

③**成本**管理计划（**成本基准**）。

④**质量**管理计划（**过程**改进计划）。

⑤**人力**资源管理计划。

⑥**沟通**管理计划。

⑦干系人管理计划。

⑧采购管理计划。

⑨风险管理计划。

⑩变更管理计划。

⑪配置管理计划。

力杨记忆：九大管理子计划 + 需求过程 + 变更配置 + 三大基准，"13+3"，与项目文件内容对比区分。

高频考点 022　范围管理群体决策技术

①一致同意（基本全票通过）。

②大多数原则（50% 以上过半数）。

③相对多数原则（50% 以下不过半数）。

④独裁（一个人说了算）。

力杨记忆：注意区分大多数、相对多数，以 50% 为"分水岭"。

高频考点 023　合同管理合同索赔

①提出索赔要求。

②报送索赔资料。

③监理工程师答复。

④索赔认可。

⑤关于持续索赔。

⑥仲裁与诉讼。

力杨记忆：提出报送、答复认可、持续诉讼（注意：6个28天的时间要求）。

高频考点 024　配置管理配置库

①**开发库**：(**动态库、程序员库、工作库**)，用于保存开发人员当前正在开发的配置实体。动态库是**开发人员的个人工作区**，由**开发人员自行控制**。

②**受控库**：(**主库**)，包含当前的基线加上对基线的变更。在信息系统开发的某个阶段工作结束时，将当前的工作产品存入**受控库**。

③**产品库**：(**静态库、发行库、软件仓库**)，包含已发布使用的各种基线的存档。在开发的信息系统产品完成系统测试之后，作为最终产品存入**产品库**内。

力杨记忆：开发动态、受控主库、产品静态。

高频考点 025　收尾管理项目后评价内容

①信息系统的**目标**评价。

②信息系统**过程**评价。

③信息系统**效益**评价。

④信息系统**可持续性**评价。

力杨记忆：效益评价涵盖"技术、经济效益、管理效益、社会效益、环境影响评价"。

高频考点 026　项目管理生命周期模型

①**瀑布**模型：**项目需求明确**、充分了解拟交付的产品、有厚实的行业实践基础、或者整批一次性交付产品有利于干系人。

②**螺旋**模型：螺旋线代表**随着时间推进**的工作进展，开发过程具有**周期性重复**的螺旋线状。

③**迭代**模型：组织需要管理**不断变化的目标和范围（需求不明）**，组织需要降低项目的复杂性，或者，产品的部分交付有利于一个或多个干系人，且不会影响最终或整批可交付成果的交付。**大型复杂项目通常采用迭代方式来实施。**

④V 模型：适用于**需求明确**和**需求变更不频繁**的情形。

⑤**敏捷**方法：适应型生命周期，应当大量变更，获取干系人的持续参与。

⑥**原型化模型**：对用户的需求是**动态响应、逐步纳入**的。

力杨记忆：注意瀑布、迭代、V 模型概念的区分，瀑布模型着重强调开发、V 模型着重强调测试。

高频考点 027　项目立项内部立项内容

①项目资源**估算**。

②项目资源**分配**。

③准备项目**任务书**。

④任命项目经理。

力杨记忆：立项管理必考选择题知识点（内部立项原因：①通过立项方式为项目分配资源②通过项目立项方式确定合理的项目绩效目标③以项目型工作方式，提升项目实施效率）。

高频考点028　系统集成软件架构模式

①**管道/过滤器**模式：典型应用包括批处理系统。该模式体现了各功能模块**高内聚**、**低耦合**的"黑盒"特性。

②**面向对象**模式：典型应用是**基于组件**的软件开发。

③**事件驱动**模式：典型应用包括**各种图形界面**应用。

④**分层**模式：典型应用是**分层通信协议**，如ISO/OSI的七层网络模型。此模式也是通用应用架构的基础模式。

⑤**客户/服务**模式（C/S）：基于**资源不对等**，为**实现共享**而提出的模式。允许网络分布操作，适用于**分布式系统**。

⑥**浏览器/服务器**模式（B/S）：为了解决C/S模式中客户端的问题，发展形成了浏览器/服务器（Browser/Server，B/S）模式。

力杨记忆：综合选择高频考点，注意概念区分。

高频考点029　整体管理项目章程内容

①项目目的或**批准**项目的原因。

②项目**审批**要求。

③可测量的项目目标和相关的成功**标准**。

④项目的总体**要求**。

⑤项目主要**风险**。

⑥总体里程碑**进度**计划。

⑦总体**预算**。

⑧概括性项目**描述**和项目产品描述。

⑨委派的**项目**经理及其职责和职权。

⑩**发起**人或其他批准项目章程的人员的姓名和职权。

力杨记忆："批准审批、标准要求、风险进度、预算描述、项目发起"。

高频考点030 干系人管理干系人分析模型

①**权力/利益**方格：根据干系人的职权大小和对**项目结果的关注（利益）程度**进行分类。

②**权力/影响**方格：干系人的职权大小以及**主动参与（影响）项目的程度**进行分类。

③**影响/作用**方格：干系人主动参与（影响）项目的程度及**改变项目计划或者执行的能力**进行分类。

④**凸显**模型：根据干系人的权力（施加自己意愿的能力）、**紧迫程度和合法性**对干系人进行分类。

力杨记忆：权力大、利益大应重点管理；权力小、利益大应随时告知；权力大、利益小应令其满意；权力小、利益小应花最少的时间监督。

高频考点 031　范围管理项目范围说明书内容

①项目**目标**。

②**产品**范围描述。

③项目**需求**。

④项目**边界**。

⑤项目的可**交付成果**。

⑥项目的**制约因素**。

⑦假设条件。

力杨记忆：目标产品 – 需求边界 – 交付成果 – 制约条件。注意与项目章程区别。

高频考点 032　项目管理项目组织结构

①**职能型**组织（**项目经理权力极小甚至没有**）。

②**弱矩阵**型组织。

③**平衡矩阵**型组织。

④**强矩阵**型组织。

⑤**项目型**组织（**项目经理权力很大甚至全权负责**）。

力杨记忆："三大五小"中平衡矩阵是**分水岭**，然后依次看两边，重点区分"**职能型、项目型**"。

高频考点 033　项目管理五大过程组

①启动过程组。

②**计划**过程组。

③**执行**过程组（力杨记忆：此过程花钱最多）。

④**监控**过程组。

⑤**收尾**过程组。

力杨记忆："所有项目必须按顺序经历五大过程组，但并非全部有47个过程域"（启动过程组"唯二"：制定项目章程、识别干系人；收尾过程组"唯二"：结束项目或阶段、结束采购）。

高频考点 034　项目管理过程

①**技术类过程**（或称工程类过程）：信息系统项目的技术过程有**需求分析、总体设计、编码、测试、布线、组网**等。

②**管理类过程**：按出现的时间先后划分管理过程可以被分为**启动、计划、执行、监控**和**收尾**过程组。

③**支持类过程：配置管理**过程就属于支持类过程。

④**改进类过程：总结经验教训、部署改进**等过程。

力杨记忆："技术支持、管理改进"

高频考点 035　立项管理可行性研究内容

①**投资**必要性。

②**技术**可行性。

③**财务**可行性。

④**组织**可行性。

⑤**经济**可行性。

⑥社会可行性。

⑦风险因素及决策。

力杨记忆：（注：通过关键词区分概念，财务、经济、投资与"钱"有关系）。

高频考点 036　整体管理六大过程域

①制定项目**章程**。

②制定项目管理**计划**。

③指导和**管理**项目工作。

④**监控**项目工作。

⑤实施整体**变更**控制。

⑥**结束**项目或阶段。

力杨记忆："章程计划 – 管理监控 – 变更结束"。

高频考点 037　整体管理监控项目工作输入

①项目管理计划。

②**进度预测**（控制进度的输出）。

③**成本预测**（控制成本的输出）。

④**确认的变更**（控制质量的输出）。

⑤**工作绩效信息**（所有控制阶段的万能输出）。

力杨记忆：监控所有的控制阶段（注：变更请求、工作绩效报告是输出）。

高频考点038　范围管理六大过程域

①**编制**范围管理计划（**规划**范围管理）。
②收集**需求**。
③**定义**范围。
④**创建** WBS（工作分解结构）。
⑤**确认**范围。
⑥**控制**范围。

力杨记忆："编制需求 – 定义创建 – 确认控制"。

高频考点039　风险管理五大特性

①**客观性**：风险不以人的意志为转移，独立于人的意识之外的客观存在。
②**偶然性**：由于信息的不对称，未来风险事件发生与否难以预测。
③**相对性**：风险性质会因时空各种因素变化而有所变化。
④**社会性**：风险的后果与人类社会的相关性决定了风险的社会性，具有很大的社会影响力。
⑤**不确定性**：发生时间的不确定性。

力杨记忆："注意概念的理解"。

高频考点040　范围管理项目需求管理计划

①如何规划、跟踪和报告各种**需求**活动。

②**配置**管理活动。

③需求优先级**排序**过程。

④产品测量指标及使用这些指标的**理由**。

⑤用来反映哪些需求属性将被列入跟踪**矩阵**的跟踪结构。

⑥收集需求过程。

力杨记忆：注意顺序，理解记忆。

高频考点 041　进度管理七大过程域

①**规**划进度管理。

②**定**义活动。

③排列**活动顺序**。

④**估算**活动**资源**。

⑤估算活动持续**时间**。

⑥**制订进度计划**。

⑦**控制**进度。

力杨记忆："规定活动排序 – 估算资源时间 – 制订计划控制"。

高频考点 042　进度管理进度压缩

①赶工：通过增加资源，以最小的成本增加来压缩进度工期的一种技术。**只适用于那些通过增加资源就能缩短持续时间的，且位于关键路径上的活动**。赶工并非总是切实可行，它可

能导致风险和/或成本的增加。

②**快速跟进**：一种进度压缩技术，将正常情况下按顺序进行的活动或阶段改为至少是部分并行开展。**只适用于能够通过并行活动来缩短项目工期的情况。快速跟进可能造成返工和风险增加。**

力杨记忆：结合"赶快搞范进质"记忆。

高频考点 043　成本管理四大过程域

①**制订**成本管理计划（**规划**成本）。
②成本**估算**。
③成本**预算**。
④**控制**成本。

力杨记忆："制定估算 – 预算控制"。

高频考点 044　质量管理三大过程域

①**规划**质量管理。
②**实施**质量保证。
③**控制**质量。

力杨记忆："规划实施 – 保证控制"。

高频考点 045　质量管理老七种工具

①**因果图（鱼骨图）**（力杨记忆：识别所有原因）。

②流程图。

③核查表。

④散点图。

⑤直方图（力杨记忆：与时间无关）。

⑥控制图（力杨记忆：与时间有关）。

⑦帕累托图（力杨记忆：识别主要原因）。

力杨记忆："因果流程、核查散点、直控帕累"，请掌握教材概念。

高频考点046　质量管理新七种工具

①亲和图。

②过程决策程序图（PDPC）。

③关联图。

④树形图。

⑤优先矩阵。

⑥矩阵图。

⑦活动网络图。

力杨记忆："亲过关树、矩阵网络"，请掌握教材概念。

高频考点047　质量管理项目质量管理发展历程

①手工艺人时代。

②质量检验阶段。

③统计质量控制阶段。

④**全面质量**管理阶段。

力杨记忆：重点掌握全面质量管理。

高频考点 048　质量管理项目质量审计的目标

①**识别**全部正在实施的良好及最佳实践。

②**识别**全部违规做法、差距及不足。

③**分享**所在组织或行业中类似项目的良好实践。

④积极、主动地提供协助，以**改进**过程的执行，从而帮助团队提高生产效率。

⑤**强调**每次审计都应对组织经验教训的积累做出贡献。

力杨记忆：识别 – 识别 – 分享 – 改进 – 强调。

高频考点 049　人力资源管理四大过程域

①**编制**项目人力资源管理计划（**规划**人力资源管理）。

②**组建**项目团队。

③**建设**项目团队。

④**管理**项目团队。

力杨记忆："编制组建 – 建设管理"，组建 + 建设 + 管理均为执行过程组。

高频考点 050　沟通管理三大过程域

①**制订**沟通管理计划（**规划**沟通管理）。

②管理沟通。

③控制沟通。

力杨记忆:"制订 – 管理 – 控制"。

高频考点 051　沟通管理沟通过程方式

①参与**讨论**方式（头脑风暴）：参与程度最强、控制程度最弱。

②**征询**方式：调查问卷。

③**推销**方式（说明）：叙述解释。

④**叙述**方式（劝说鼓动）：参与程度最弱、控制程度最强。

力杨记忆:"讨论 – 征询 – 推销 – 叙述"。

高频考点 052　干系人管理四大过程域

①**识别**干系人。

②**编制**项目干系人管理计划（规划干系人管理）。

③**管理**干系人。

④**控制**干系人参与。

力杨记忆:"识别编制 – 管理控制"。

高频考点 053　采购管理四大过程域

①**编制**采购管理计划（规划采购）。

②**实施**采购。

③控制采购。

④结束采购。

力杨记忆:"编制实施 – 控制结束"

高频考点 054　风险管理六大过程域

①**规划**风险管理。

②**识别**风险。

③实施**定性**风险分析。

④实施**定量**风险分析。

⑤规划风险**应对**。

⑥**控制**风险。

力杨记忆:"规划识别 – 定性定量 – 应对控制"。

高频考点 055　风险管理风险识别原则

①**由粗及细**,由细及粗。

②**先怀疑**,后排除。

③**排除与确认**并重。

④严格界定风险内涵并考虑风险因素之间的**相关性**。

⑤必要时可做实验**验证**。

力杨记忆:注意细节。

高频考点 056　沟通管理沟通方法

①**交互式**沟通:在两方或多方之间进行多向信息交换。包

括会议、电话、即时通信、视频会议等。

②推式沟通：把信息发送给需要接收这些信息的特定接收方。包括信件、备忘录、报告、电子邮件、传真、语音邮件、日志、新闻稿等。

③拉式沟通：用于信息量很大或受众很多的情况。这种方法包括企业内网、电子在线课程、经验教训数据库、知识库等。

力杨记忆："交 – 推 – 拉"。

高频考点 057　干系人管理干系人分析技术

①不了解。

②抵制。

③中立。

④支持。

⑤领导。

力杨记忆："注意干系人责任矩阵中的'C'当前和'D'应该"。

高频考点 058　整体管理项目章程作用

①确定项目经理，规定项目经理的权力。

②正式确认项目的存在，给项目一个合法的地位。

③规定项目的总体目标，包括范围、时间、成本和质量等。

④通过叙述启动项目的理由，把项目与执行组织的日常经

营运作及**战略计划**等联系起来。

力杨记忆:"注意理解即可"。

高频考点 059　配置管理六项活动

①制定配置管理**计划**。

②配置**标识**。

③配置**控制**。

④配置状态**报告**。

⑤配置**审计**。

⑥**发布**管理和交付。

力杨记忆:"计划标识 – 控制报告 – 审计发布"。

高频考点 060　范围管理项目范围管理计划

①制定详细项目**范围说明书**。

②根据详细项目范围说明书**创建** WBS。

③维护和批准工作分解结构（WBS）

④正式验收已完成的项目**可交付成果**。

⑤处理对详细项目范围说明书或 WBS 的**变更**。

力杨记忆:注意顺序,理解记忆。

高频考点 061　风险管理风险分类

①按照**性质**分类:**纯粹**风险、**投机**风险。

②按照**产生原因**分类:**自然**风险、**社会**风险、**政治**风险(国家风险)、**经济**风险、**技术**风险。

力杨记忆:注意顺序,理解记忆。

高频考点 062　项目管理计划 | 项目文件

项目管理计划	项目文件	
范围管理计划	协议	项目人员分派书
需求管理计划	项目章程	项目工作说明书
范围基准(批准的项目范围说明书、WBS、WBS词典)	需求文件	质量核对表
	需求跟踪矩阵	质量控制测量结果
进度管理计划	估算依据	质量测量指标
进度基准	活动属性	项目日历
成本管理计划	活动成本估算	资源日历
成本基准	活动持续时间估算	资源分解结构
质量管理计划	活动清单	卖方建议书
过程改进计划	活动资源需求	供方选择标准
人力资源管理计划	项目资金需求	采购文件
沟通管理计划	项目进度计划	采购工作说明书
干系人管理计划	项目进度网络图	风险登记册
风险管理计划	变更请求	干系人登记册
采购管理计划	变更日志	团队绩效评估
变更管理计划	问题日志	工作绩效数据
配置管理计划	成本预测	工作绩效信息
	进度预测	工作绩效报告
	进度数据	里程碑清单

力杨记忆：排除法只记忆项目管理计划"13+3"，尤其掌握范围基准内容。

高频考点 063　行政收尾 | 合同收尾

行政/管理收尾	合同收尾
针对**项目和项目各阶段**的，不仅整个项目要进行一次行政收尾，而且每个项目阶段结束时都要进行相应的行政收尾	是针对合同的，每个合同需要而且**只需要进行一次**合同收尾
要由**项目发起人或高级管理层**给项目经理签发项目阶段结束或项目整体结束的书面确认	要由负责采**购管理成员**(可能是项目经理或其他人)向卖方签发合同结束的书面确认
从整个项目说，**合同收尾发生在行政收尾之前**； 如果是以合同形式进行的项目，在收尾阶段，先要进行采购审计和合同收尾，然后进行行政收尾。 从某一个合同的角度说，合同收尾中又包括行政收尾工作(合同的行政收尾)。	

力杨记忆：一次合同收尾、多次行政收尾，合同收尾发生在行政收尾之前。

高频考点 064　项目章程 | 项目范围说明书

项目章程	项目范围说明书
项目目的或**批准**项目的原因	项目**目标**
项目**审批**要求	项目**需求**

续表

项目章程	项目范围说明书
高可测量的项目目标和相关的成功标准	项目边界
项目的总体要求	产品范围描述
项目主要风险	项目的可交付成果
总体里程碑进度计划	项目的除外责任
总体预算	项目假设条件
概括性项目描述和项目产品描述	
委派的项目经理及其职责和职权	
发起人或其他批准项目章程的人员的姓名和职权	

力杨记忆：必须注意区分，对比性记忆，掌握项目范围说明书。

高频考点065 应急储备|管理储备

应急储备	管理储备
用来应对已经接受的已识别风险，以及已经制定应急或减轻措施的已识别风险	为了管理控制的目的而特别留出的项目预算，用来应对项目范围中不可预见的工作
"已知-未知"	"未知-未知"
是包含在成本基准内的一部分预算。	不包括在成本基准中，但属于项目总预算和资金需求的一部分。当动用管理储备资助不可预见的工作时，就要把动用的管理储备增加到成本基准中，从而导致成本基准变更。

续表

应急储备	管理储备
成本基准是经批准的按时间安排的成本支出计划，并随时反映了经批准的项目成本变更（所增加或减少的资金数目），被用于度量和监督项目的实际执行成本。 **项目总预算＝成本基准＋管理储备＝（成本估算＋应急储备）＋管理储备**	

力杨记忆：必考知识点，注意管理储备不包括在成本基准中。

高频考点 066　直接成本 | 间接成本

直接成本	间接成本
直接可以**归属于项目工作的成本**为直接成本	来自一般管理费用科目或几个项目**共同担负的项目成本**所分摊给本项目的费用，就形成了项目的间接成本
项目团队**差旅费**、**工资**，项目使用的**物料及设备使用费**、**应急储备金**等	**税金**、**额外福利**（保险）和**保卫费用**、**管理成本**等

力杨记忆：必考知识点，注意区分成本类型的分类划分。

高频考点067　类比估算 | 参数估算

类比估算	参数估算
类比估算法适合评估一些与**历史项目**在应用领域，环境和复杂度等方面相似的项目，通过新项目与历史项目的比较得到规模估计。	参数估算是一种基于**历史数据和项目参数**，使用某种算法来计算成本或工期的估算技术。
估计结果的精度取决于历史项目数据的完整性和准确度。类比估算**既可以针对整个项目，也可以针对项目中的某个部分**	参数估算的准确性取决于参数模型的成熟度和基础数据的可靠性

力杨记忆：关键词区分记忆。

高频考点068　一致性成本 | 非一致性成本

一致性成本		非一致性成本	
预防成本	评价成本	内部失败成本	外部失败成本
培训 流程文档化 设备 选择正确地做事时间 （生产合格产品）	测试 破坏性测试导致的损失 检查 （评定质量）	返工 废品 （项目内部发现的）	责任 保修 业务流失 （客户发现的）

力杨记忆：注意对比区分记忆，一致性：防止失败；非一致性：处理失败。

高频考点 069　招标人权利 | 招标人义务

招标人权利	招标人义务
招标人**有权自行选择**招标代理机构。在招标文件要求提交投标文件截止时间**至少 15 日前**，招标人可以以书面形式对已发出的招标文件进行必要的澄清或者修改。 招标人有权也应当对在招标文件要求提交的截止时间后送达的投标文件拒收。 招标人根据评标委员会提出的书面评估报告和推荐的中标候选人确定中标人。	依法必须进行招标的项目，自招标文件开始发出之日起至提交投标文件截止之日止，**最短不得少于 20 日**。 中标人确定后，招标人应当向中标人发出中标通知书，并同时将中标结果**通知所有**未中标的投标人。 招标人和中标人应当**自中标通知书发出之日起 30 日内**，按照招标文件和中标人的投标文件订立书面合同。

力杨记忆：注意一些数字的记忆和理解。

高频考点 070　X 理论 | Y 理论

X 理论	Y 理论
X 理论注重满足员工的**生理需求和安全需求**，激励仅在生理和安全层次起作用，同时很注重惩罚，认为惩罚是有效的管理工具。崇尚 X 理论的领导者认为，在领导工作中必须对员工采取**强制、惩罚和解雇**等手段，强迫员工努力工作，对员工应当严格监督、控制和管理。在领导行为上应当实行高度控制和集中管理。	Y 理论认为激励在需求的**各个层次上都起作用**，常用的激励办法是：将员工个人目标与组织目标融合，扩大员工的工作范围，尽可能把员工的工作安排得富有意义并具有挑战性，使其工作之后感到自豪，满足其自尊和自我实现的需要，使员工达到自我激励。崇尚 Y 理论的管理者对员工采取**以人为中心的、宽容的及放权**的领导方式，使下属目标和组织目标很好地结合起来。

续表

X 理论	Y 理论
（1）人天性好逸恶劳，只要有可能就会逃避工作。 （2）人生来就以自我为中心，漠视组织的要求。 （3）人缺乏进取心，逃避责任，甘愿听从指挥，安于现状，没有创造性。 （4）人们通常容易受骗，易受人煽动。 （5）人们天生反对改革。 （6）人的工作动机就是为了获得经济报酬。	（1）人天生并不是好逸恶劳，他们热爱工作，从工作得到满足感和成就感。 （2）外来的控制和处罚对人们实现组织的目标不是一个有效的办法，下属能够自我确定目标，自我指挥和自我控制。 （3）在适当的条件下，人们愿意主动承担责任。 （4）大多数人具有一定的想象力和创造力。 （5）在现代社会中，人们的智慧和潜能只是部分地得到了发挥，如果给予机会，人们喜欢工作，并渴望发挥其才能。

力杨记忆：注意理解记忆，X 理论：消极；Y 理论：积极。

高频考点 071　定性风险分析 | 定量风险分析

定性风险分析	定量风险分析
指通过考虑风险发生的概率，风险发生后对项目目标的影响和其他因素，**对已识别风险的优先级进行评估**。	指对定性风险分析过程中作为对项目需求**存在潜在重大影响而排序在先的风险进行分析**。
风险**概率**与**影响**评估、**概率**和**影响**矩阵、风险数据质量评估、风险**分类**、风险紧迫性**评估**、专家判断等	数据收集和展示技术、定量风险分析和模型技术（**敏感性分析、预期货币价值分析**）、专家判断等

续表

定性风险分析	定量风险分析
风险登记册内容：**每个风险的概率和影响评估、风险评级和分值、风险紧迫性或风险分类、低概率风险的观察清单、需要进一步分析的风险**	风险登记册内容：**项目的概率分析、实现成本和时间目标的概率、量化风险优先级清单、定量风险分析结果的趋势**
定量风险分析一般在定性风险分析之后进行，但是，**经验丰富的风险经理有时在风险分析过程之后直接进行定量分析。有时，制定有效的风险应对策略并不需要风险量化分析**。采用何种方法取决于时间，有无该项预算，以及对风险及其后果进行定性或定量描述的必要性。	

力杨记忆：必须区分定性定量的工具与技术，掌握项目文件更新中的风险登记册

高频考点 072　消极风险应对 | 积极风险应对

消极风险或危险的应对策略	积极风险或机会的应对策略
规避：改变项目计划，以排除风险或条件，或者保护项目目标，使其不受影响，或对受到威胁的一些目标放松要求。（**风险有效规避**）	**开拓**：如果组织想要确保机会得以实现，就可对具有积极影响的风险采取本策略。
转移：设法将风险的后果连同应对的责任转移到第三方身上，是把风险管理责任简单地推给另一方，而并非消除风险。	**提高**：本策略旨在提高机会的发生概率和积极影响。
减轻：指设法把不利的风险事件的概率或后果降低到一个可接受的临界值。在一个系统中加入**冗余部件**，可以减轻主部件故障所造成的影响。（**风险依然存在**）	**分享**：是指把应对机会的部分或全部责任分配给最能为项目利益抓住该机会的第三方。

续表

消极风险或危险的应对策略	积极风险或机会的应对策略
接受：是指项目团队决定接受风险的存在，而不采取任何措施（除非风险真的发生）的风险应对策略。	接受：是指当机会发生时乐于利用，但不主动追求机会。

力杨记忆：必须记，重点区分规避、减轻风险。

高频考点 073　资源平衡 | 资源平滑

资源平衡	资源平滑
资源平衡往往**导致关键路径改变**，通常是**延长**	资源平滑**不会改变项目关键路径，完工日期也不会延迟**
如果共享资源或关键资源只在特定时间可用，数量有限，或被过度分配，如一个资源在同一时段内被分配至两个或多个活动，就需要进行资源平衡。	活动只在其自由浮动时间和总浮动时间内延迟。因此，资源平滑技术可能无法实现所有资源的优化。

力杨记忆：注意资源平衡会导致关键路径改变。

高频考点 074　项目缓冲 | 接驳缓冲

项目缓冲	接驳缓冲
位置：放置是在**关键链末端**的缓冲	**位置**：非关键链与关键链的**接合点**
作用：用来保证项目不因关键链的延误而延误	**作用**：用来保护关键链不受非关键链延误的影响

力杨记忆：注意区分放置位置。

高频考点075　项目建议书 | 项目可行性研究报告

项目建议书	项目可行性研究报告
项目简介	项目概述
项目建设单位概括	项目建设单位概括
项目建设的必要性	项目建设的必要性
业务分析	**需求分析**
总体建设方案	总体建设方案
本期项目建设方案	本期项目建设方案
环保、消防、职业安全	环保、消防、职业安全
项目实施进度	项目实施进度
投资估算和**资金筹措**	投资估算和**资金来源**
效益和**风险分析**	效益与**评价指标分析**
	项目风险与风险管理
	项目招标方案
	项目组织机构和人员培训

力杨记忆：注意区分对比，主要区别在于可研报告中增加了项目招标方案、项目组织机构和人员培训。

高频考点 076　组织结构 | 项目特点

组织类型 项目特点	职能型组织	矩阵型组织			项目型组织
		弱矩阵型组织	平衡矩阵型组织	强矩阵型组织	
项目经理权利	很小和没有	有限	小～中等	中等～大	大～全权
组织中全职参与项目工作的职员比例	没有	0%～25%	15～60%	50～95%	85～100%
项目经理的职位	部分时间	部分时间	全时	全时	全时
项目经理的一般头衔	项目协调员/项目主管	项目协调员/项目主管	项目经理/项目主任	项目经理/计划经理	项目经理/计划经理
项目管理人员	部分时间	部分时间	部分时间	全时	全时

力杨记忆：注意重点区分职能型、项目型组织特点。